Impressum
Verlag: BABADADA GmbH, Nedderfeld 112 , 22529 Hamburg
Geschäftsführer / Verlagsleitung: Harald Hof
Druck: Books on Demand GmbH, In de Tarpen 42, 22848 Norderstedt

Imprint
Publisher: BABADADA GmbH, Nedderfeld 112 , 22529 Hamburg, Germany
Managing Director / Publishing direction: Harald Hof
Print: Books on Demand GmbH, In de Tarpen 42, 22848 Norderstedt

училище

學校

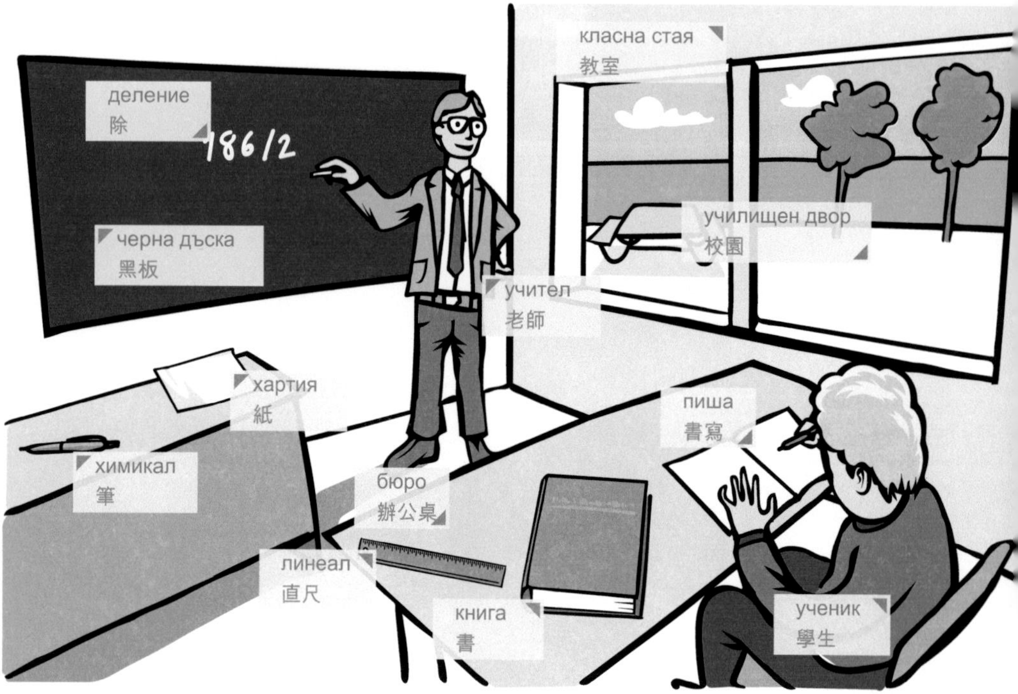

класна стая
教室
деление
除
186/2
черна дъска
黑板
училищен двор
校園
учител
老師
хартия
紙
пиша
書寫
химикал
筆
бюро
辦公桌
линеал
直尺
книга
書
ученик
學生

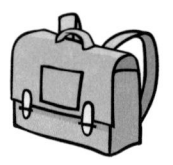

ученическа раница

書包

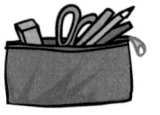

ученически несесер

鉛筆盒

молив

鉛筆

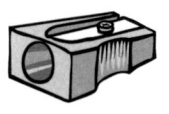

острилка за моливи

削鉛筆機

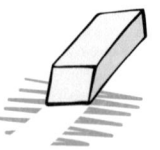

гума

橡皮擦

блок за рисуване

畫板

рисунка

圖畫

четка

畫筆

акварелни бои

顏料盒

ножица

剪刀

лепило

膠水

тетрадка за упражнения

練習冊

домашна работа

家庭作業

число

數字

събиране

加

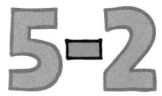

изваждане

減

умножение

乘

смятане

計算

буква

字母

азбука

字母表

дума

字

текст

課文

чета

讀

тебешир

粉筆

час

上課

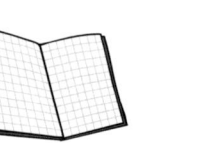

дневник на класа

登記

изпит

考試

свидетелство

證書

ученическа униформа

校服

образование

教育

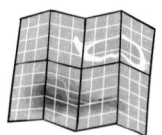

справочник

百科全書

университет

大學

микроскоп

顯微鏡

карта

地圖

кошче за хартиени
отпадъци

廢紙簍

пътуване
旅行

хотел
飯店
Grand
хостел
青年旅社
ROOMS
обменно бюро
外幣兌換處
куфар
手提箱
кола
汽車

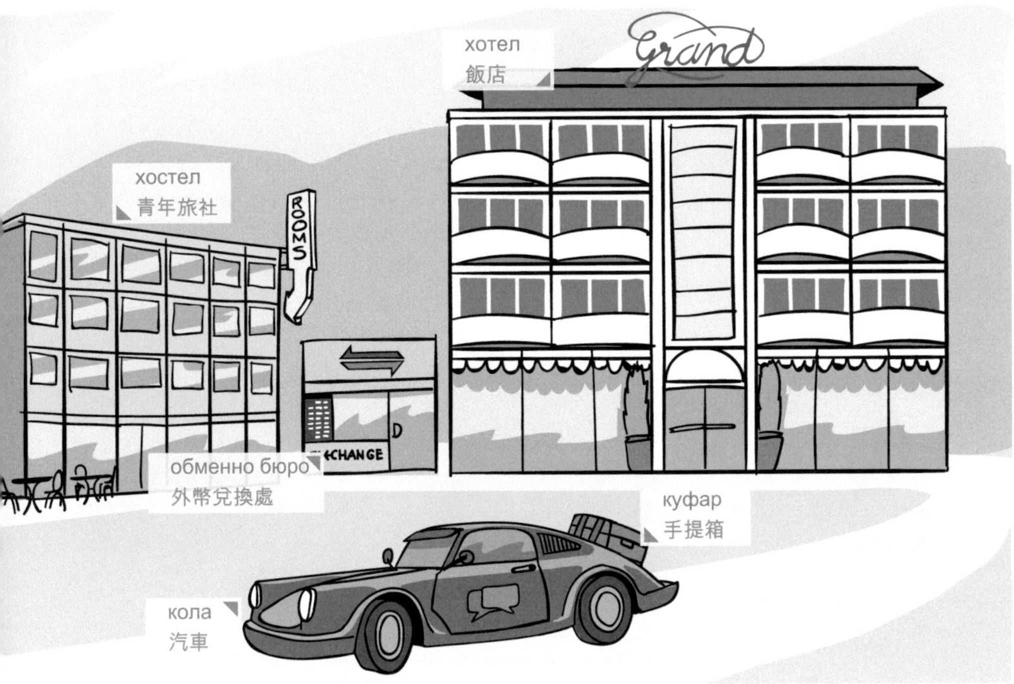

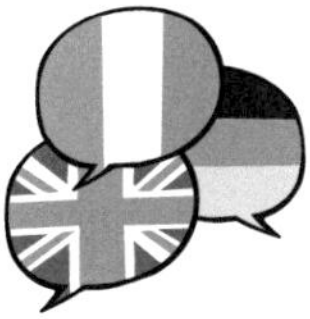

език

語言

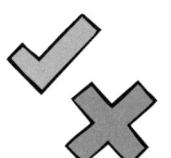

да / не

是/否

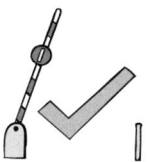

Окей

好的

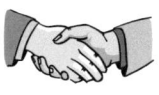

здравей

您好

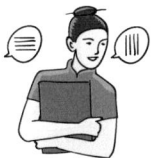

преводач

翻譯人員

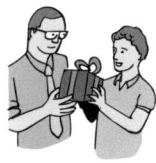

Благодаря

謝謝

Колко струва…?

......多少錢？

Не разбирам

我不明白

проблем

問題

Добър вечер!

晚上好！

Добро утро!

早上好！

Лека нощ!

晚安！

довиждане

再見

посока

方向

багаж

行李

пътна чанта

包

раница

背包

посетител

客人

стая

房間

спален чувал

睡袋

палатка

帳篷

ристическа информация

旅行資訊

плаж

海灘

кредитна карта

信用卡

закуска

早餐

обед

午餐

вечеря

晚餐

билет

票

асансьор

電梯

пощенска марка

郵票

граница

邊界

митница

海關

посолство

大使館

виза

簽證

паспорт

護照

транспорт
交通運送

самолет
飛機

кораб
船

пожарна кола
消防車

автобус
公車

товарен автомобил
卡車

моторна лодка
汽艇

велосипед
腳踏車

кола
汽車

ферибот

渡輪

лодка

小船

мотоциклет

機車

полицейска кола

警車

състезателна кола

賽車

кола под наем

租車

каршеринг

拼車

автомобил от "Пътна помощ"

拖車

сметовоз

垃圾車

двигател

馬達

бензин

汽油

бензиностанция

加油站

пътен знак

交通標識

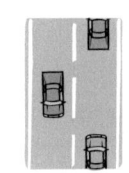

улично движение

交通

задръстване

交通堵塞

паркинг

停車場

гара

火車站

релси

軌道

влак

火車

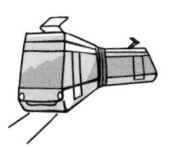

трамвай

路面電車

вагон

客車廂

хеликоптер

直升機

аерогара

機場

кула

塔

пасажер

乘客

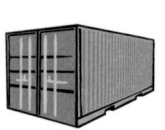

контейнер

集裝箱

кашон

紙板箱

ръчна количка

手推車

кошница

籃子

излитам / приземявам се

起飛/降落

град

城市

село

村莊

градски център

市中心

къща

房子

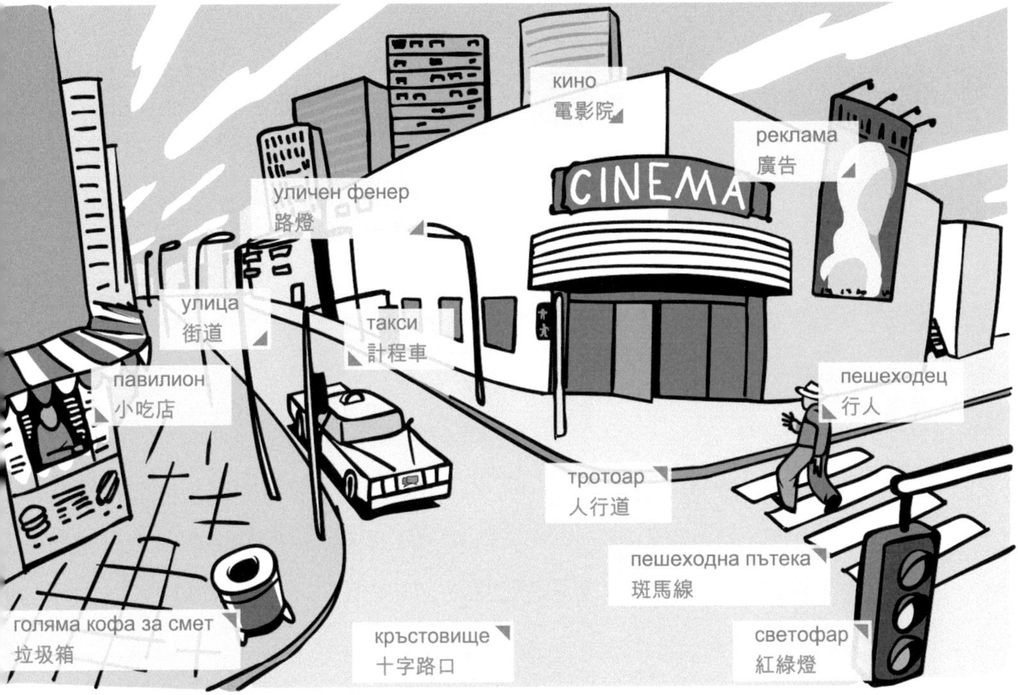

кино
電影院
реклама
廣告
CINEMA
уличен фенер
路燈
улица
街道
такси
計程車
павилион
小吃店
пешеходец
行人
тротоар
人行道
пешеходна пътека
斑馬線
голяма кофа за смет
垃圾箱
кръстовище
十字路口
светофар
紅綠燈

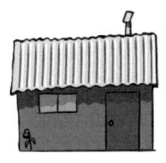

хижа

小屋

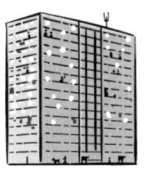

жилище

公寓

гара

火車站

кметство

市政廳

MUSEUM

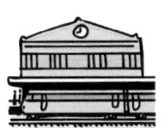

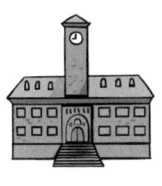

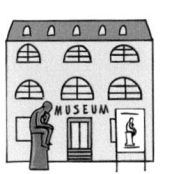

музей

博物館

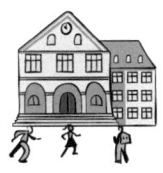

училище

學校

университет

大學

банка

銀行

болница

醫院

хотел

飯店

аптека

藥房

офис

辦公室

книжарница

書店

магазин за цветя

商店

магазин за цветя

花店

супермаркет

超市

пазар

市場

универсален магазин

百貨商店

търговец на риба

魚店

търговски център

購物中心

пристанище

海港

парк

公園

пейка

長凳

мост

橋

стълба

樓梯

метро

捷運

тунел

隧道

автобусна спирка

公車站

бар

酒吧

ресторант

餐館

пощенска кутия

郵筒

улична табелка

路標

часовник за паркинг престой

停車計時器

зоологическа градина

動物園

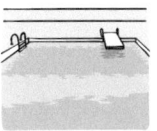

плувен басейн

游泳池

джамия

清真寺

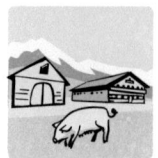

селски двор

農場

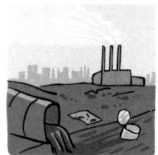

замърсяване на околната среда

污染

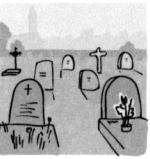

гробище

墓地

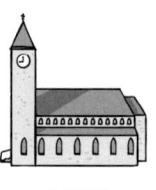

църква

教堂

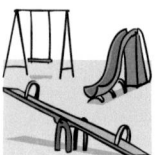

детска площадка

操場

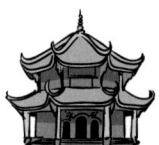

храм

寺廟

пейзаж

地形

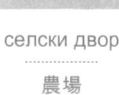

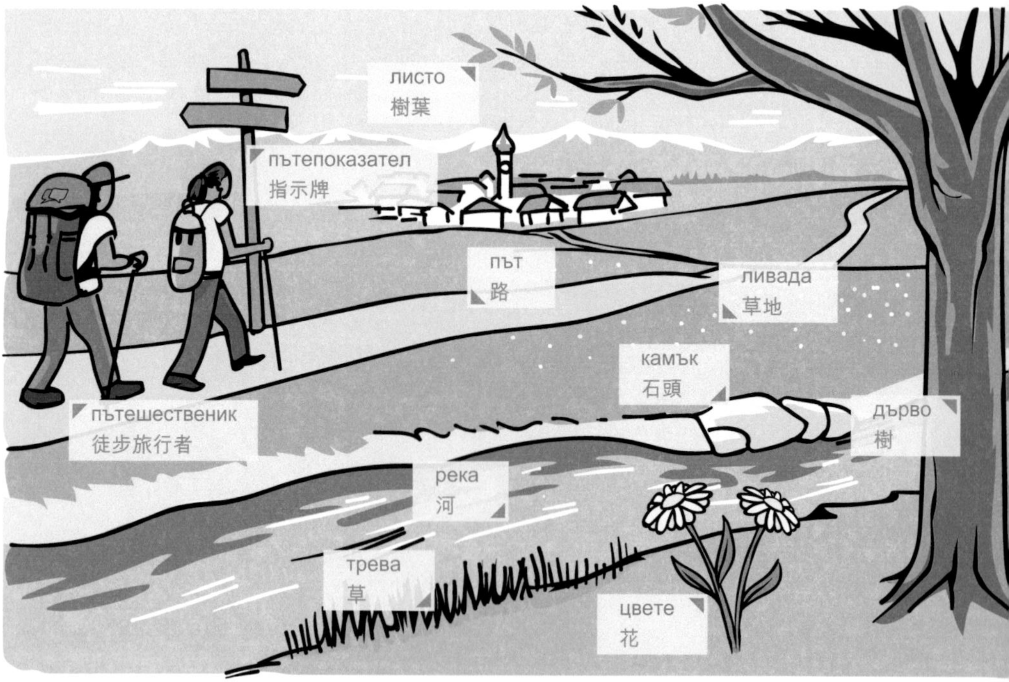
листо
樹葉
пътепоказател
指示牌
път
路
ливада
草地
камък
石頭
пътешественик
徒步旅行者
дърво
樹
река
河
трева
草
цвете
花

долина

峽谷

планина

丘陵

море

湖

гора

森林

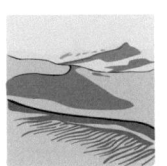

пустиня

沙漠

вулкан

火山

замък

城堡

дъга

彩虹

гъба

蘑菇

палма

棕櫚樹

комар

蚊子

муха

蒼蠅

мравка

螞蟻

пчела

蜜蜂

паяк

蜘蛛

бръмбар

甲蟲

жаба

青蛙

катеричка

松鼠

таралеж

刺蝟

заек

野兔

кукумявка

貓頭鷹

птица

鳥

лебед

天鵝

диво прасе

野豬

елен

鹿

лос

麋鹿

бент

水壩

вятърна турбина

風力發電機

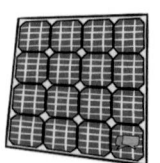

соларен модул

太陽能電池板

климат

氣候

ресторант

餐館

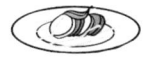

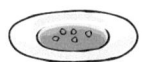

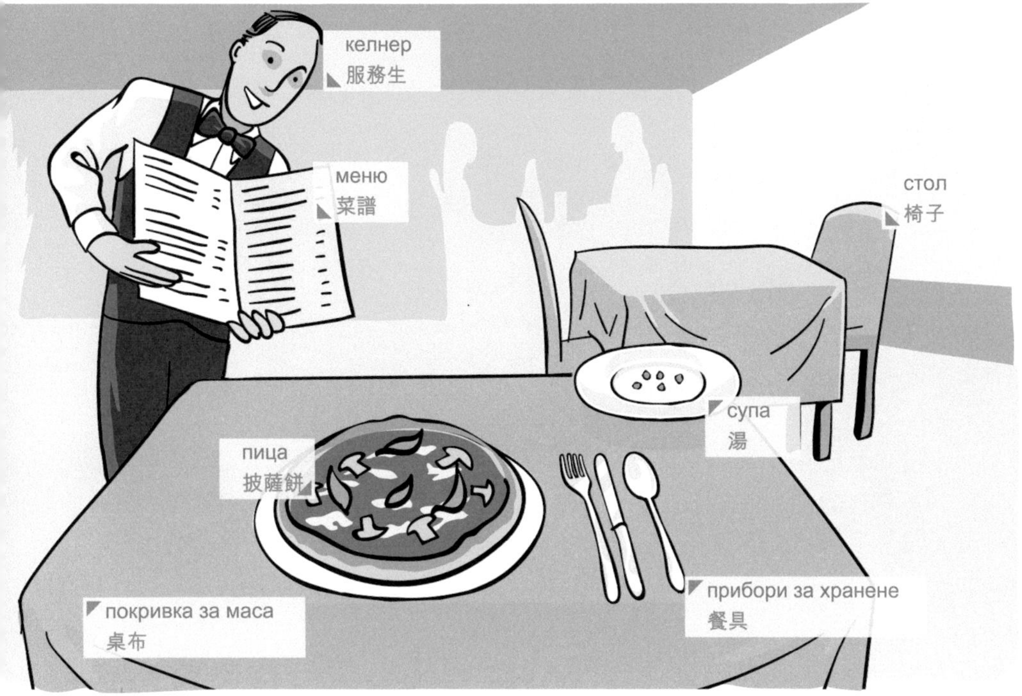
келнер
服務生
меню
菜譜
стол
椅子
супа
湯
пица
披薩餅
прибори за хранене
餐具
покривка за маса
桌布

предястие

前菜

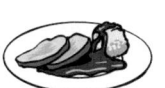

основно ястие

主菜

десерт

甜點

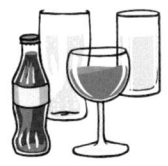

напитки

飲料

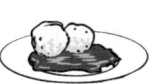

ядене

食物

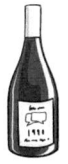

бутилка

瓶子

бързо хранене

速食

улична храна

街邊小吃

кана за чай

茶壺

кутия за захар

糖盒

порция

一份飯菜

еспресо машина

義式咖啡機

висок детски стол

高腳椅

сметка

帳單

табла

托盤

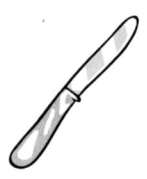

ножица за нокти

刀

вилица

餐叉

лъжица

勺子

чаена лъжичка

茶匙

салфетка

餐巾

стъклена чаша

玻璃杯

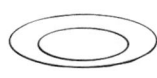

чиния

碟子

чиния за супа

湯盤

чинийка

碟子

сос

醬

солница

鹽瓶

мелничка за черен пипер

胡椒研磨罐

оцет

醋

олио

食用油

подправки

調味料

кетчуп

番茄醬

горчица

芥末

майонеза

美乃滋

супермаркет
超市

оферта
特價
FOR
клиент
顧客
млечни продукти
乳製品
плодове
水果
количка за покупки
購物車

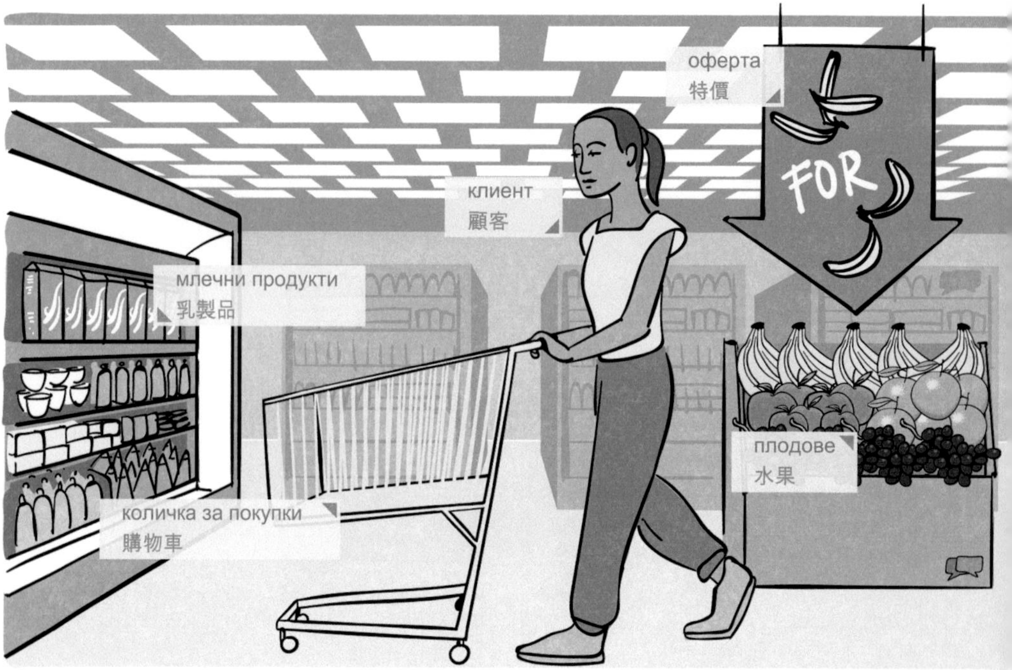

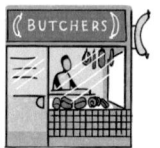

BUTCHERS

кланица

肉鋪

BAKERY

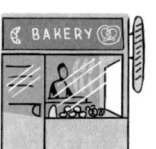

хлебарница

麵包店

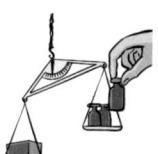

тегля

稱重

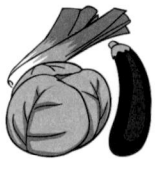

зеленчуци

蔬菜

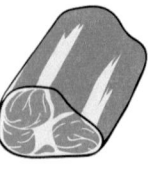

месо

肉

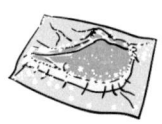

дълбоко замразена храна

冷凍食品

нарязан колбас или
сирене

冷盤

консерви

罐頭食品

перилен препарат

洗衣粉

лакомства

甜食

домакински изделия

日用品

почистващи препарати

清潔用品

продавачка

銷售員

каса

收銀機

касиер

收銀員

списък на покупките

購物清單

работно време

開放時間

портфейл

錢包

кредитна карта

信用卡

чанта

袋子

пластмасова торба

塑膠袋

вода

水

сок

果汁

мляко

牛奶

кола

可樂

вино

紅酒

бира

啤酒

алкохол

酒

какао

可可

чай

茶

кафе машина

咖啡

еспресо

義式濃縮咖啡

капучино

卡布奇諾

банан

香蕉

ябълка

蘋果

портокал

柳丁

пъпеш

西瓜

лимон

檸檬

морков

胡蘿蔔

чесън

大蒜

бамбук

竹子

лук

洋蔥

гъба

蘑菇

ядки

堅果

макарони

麵條

спагети

義大利麵

ориз

米飯

салата

沙拉

пържени картофи

薯條

печени картофи

炸馬鈴薯

пица

披薩餅

хамбургер

漢堡

сандвич

三明治

шницел

炸豬排

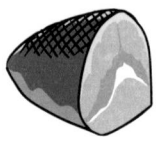

шунка

火腿

траен колбас

義大利臘腸

салам

香腸

пиле

雞肉

печено

烤肉

риба

魚

овесени ядки

燕麥片

мюсли

木斯里

корнфлейкс

玉米片

брашно

麵粉

кроасан

牛角麵包

хлебчета

麵包捲

хляб

麵包

препечена филийка

吐司

бисквити

餅乾

масло

奶油

извара

凝乳

сладкиш

蛋糕

яйце

蛋

яйца на очи

煎蛋

сирене

起司

сладолед

冰淇淋

захар

糖

мед

蜂蜜

мармалад

果醬

нуга крем

巧克力醬

къри

咖哩

селски двор
農場

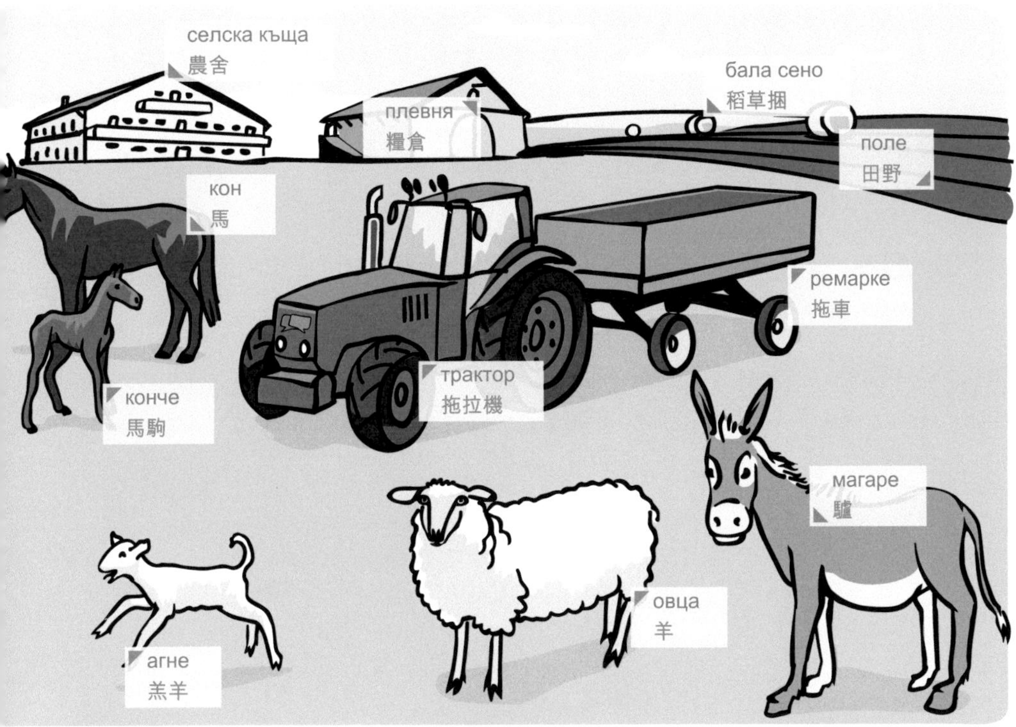
селска къща
農舍
плевня
糧倉
бала сено
稻草捆
поле
田野
кон
馬
ремарке
拖車
трактор
拖拉機
конче
馬駒
магаре
驢
овца
羊
агне
羔羊

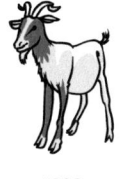

коза

山羊

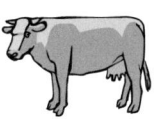

крава

奶牛

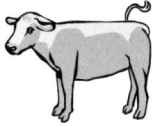

теле

小牛

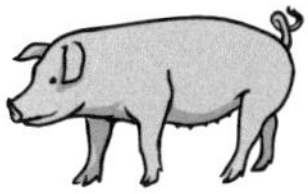

свиня

豬

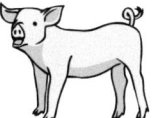

прасенце

小豬

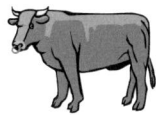

бик

公牛

гъска

鵝

патица

鴨

пиленце

小雞

кокошка

母雞

петел

公雞

плъх

鼠

котка

貓

мишка

老鼠

вол

牛

куче

狗

кучешка колиба

狗屋

градински маркуч

花園澆水軟管

лейка

澆水壺

коса

長柄大鐮刀

плуг

犁

сърп

鐮刀

мотика

鋤頭

вила за тор

長柄草耙

брадва

斧頭

ръчна количка

獨輪手推車

корито

飼料槽

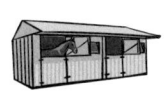

съд за мляко

牛奶罐

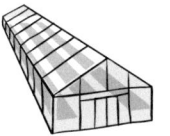

чувал

麻布袋

ограда

柵欄

обор

馬廄

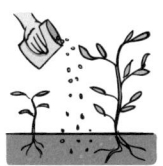

парник

溫室

земя

土壤

сеитба

種子

тор

肥料

комбайн

聯合收割機

жъна

收割

реколта

收割

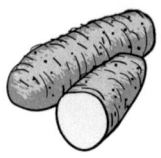

ямс

地瓜

жито

小麥

соя

大豆

картоф

土豆

царевица

玉米

рапица

油菜籽

овощно дърво

果樹

маниока

樹薯

зърнени храни

穀物

къща
房子

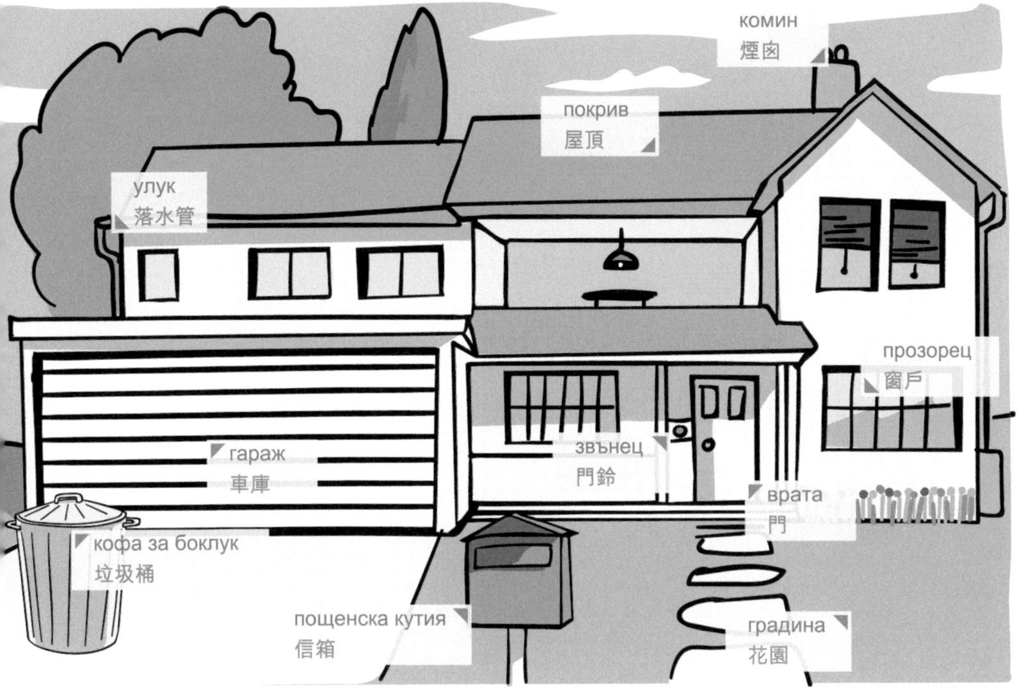
комин
煙囪
покрив
屋頂
улук
落水管
прозорец
窗戶
гараж
車庫
звънец
門鈴
врата
門
кофа за боклук
垃圾桶
пощенска кутия
信箱
градина
花園

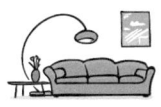

всекидневна
客廳

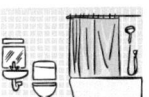

баня
浴室

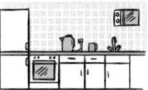

кухня
廚房

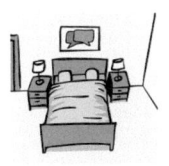

спалня
臥室

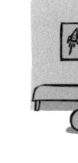

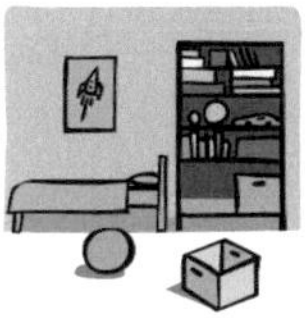

детска стая
兒童房

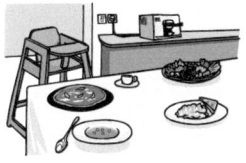

трапезария
餐廳

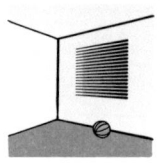

под

地板

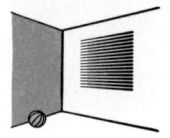

стена

牆壁

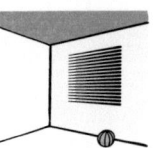

таван

天花板

изба

地窖

сауна

三溫暖

балкон

陽臺

тераса

露臺

плувен басейн

游泳池

косачка

割草機

спално бельо

被單

покривка за легло

床罩

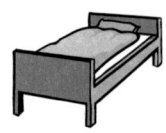

легло

床

метла

掃帚

кофа

水桶

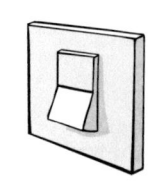

електрически ключ

開關

всекидневна

客廳

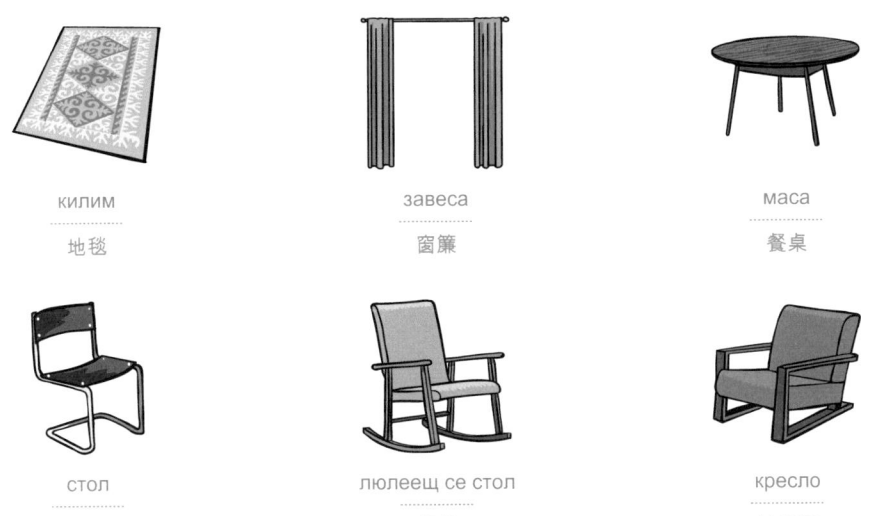

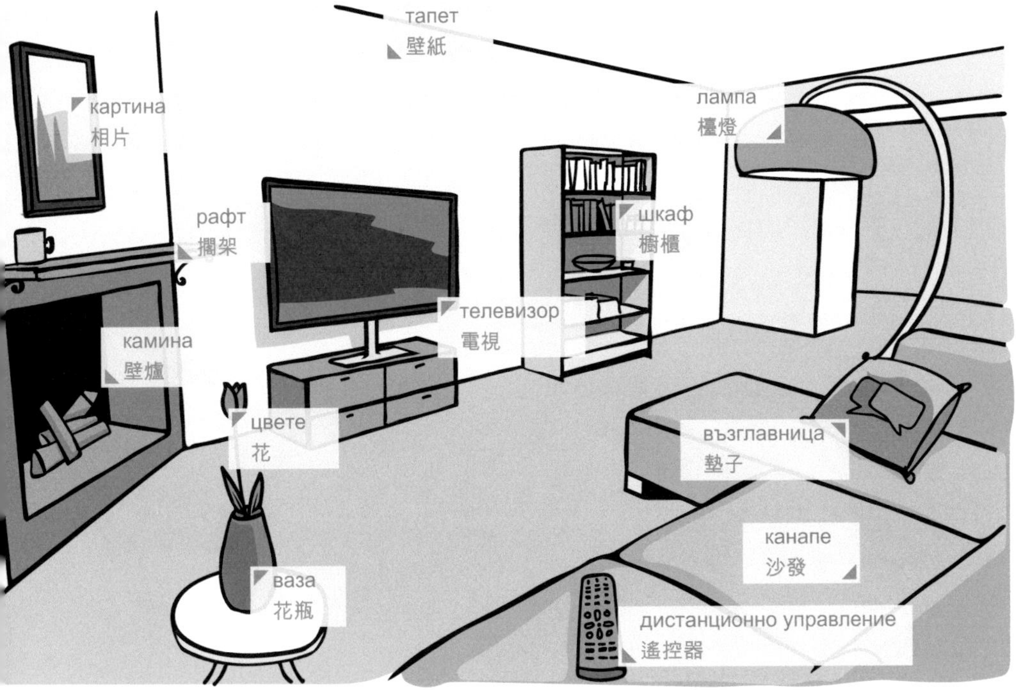

тапет
壁紙
картина
相片
лампа
檯燈
рафт
擱架
шкаф
櫥櫃
телевизор
電視
камина
壁爐
цвете
花
възглавница
墊子
канапе
沙發
ваза
花瓶
дистанционно управление
遙控器

килим

地毯

завеса

窗簾

маса

餐桌

стол

椅子

люлеещ се стол

搖椅

кресло

扶手椅

книга

書

одеяло

毯子

декорация

裝飾品

дърва за отопление

木柴

филм

電影

стерео уредба

高傳真音響

ключ

鑰匙

вестник

報紙

живопис

油畫

постер

海報

радио

收音機

бележник

筆記本

прахосмукачка

吸塵器

кактус

仙人掌

свещ

蠟燭

кухня
廚房

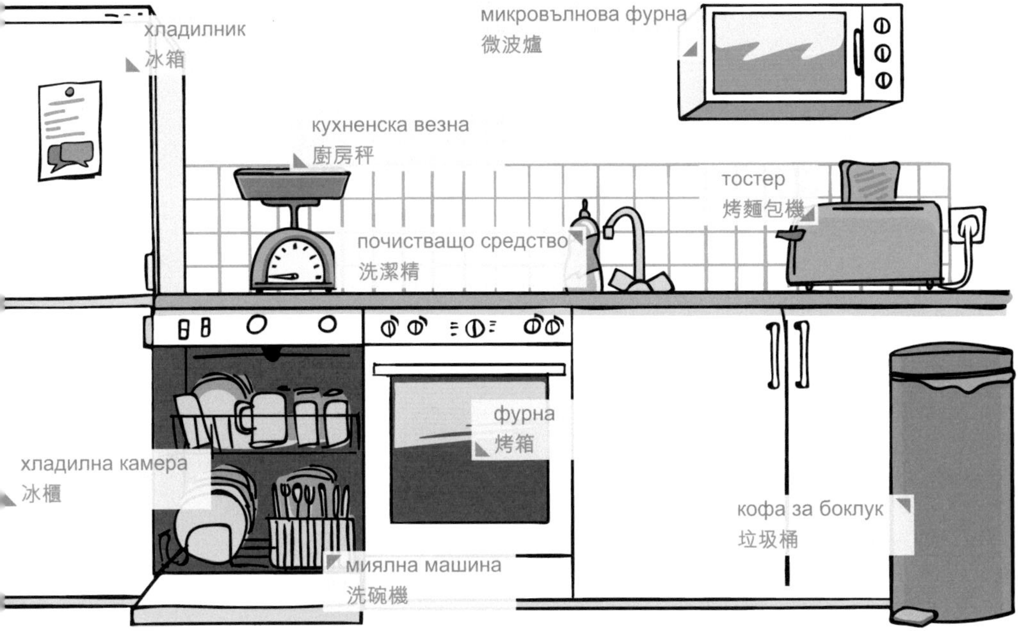
хладилник
冰箱
микровълнова фурна
微波爐
кухненска везна
廚房秤
тостер
烤麵包機
почистващо средство
洗潔精
фурна
烤箱
хладилна камера
冰櫃
кофа за боклук
垃圾桶
миялна машина
洗碗機

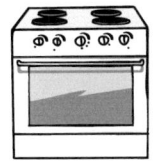

готварска печка

炊具

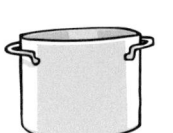

тенджера

鍋

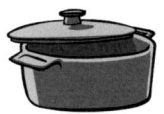

желязна тенджера

鑄鐵鍋

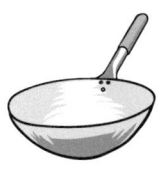

уок / кадаи

炒鍋

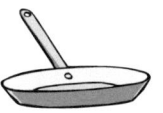

тиган

平底鍋

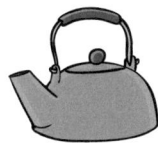

кана за затопляне на вода

水壺

уред за готвене на пара

蒸鍋

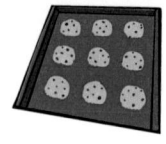

тава за печене

烤盤

съдове

陶瓷鍋

чаша

馬克杯

купа

碗

клечки за хранене

筷子

черпак

長柄勺

лопатка за тиган

鏟子

тел за разбиване (на яйца, белтъци)

攪拌器

кошница за варене

濾網

гевгир

篩子

ренде

磨碎機

хаван

研缽

барбекю

燒烤

огнище

明火

дъска

菜板

точилка

擀麵杖

тирбушон

開瓶器

кутия

罐子

отварачка за консерви

開罐器

кухненска ръкохватка

隔熱手套

мивка

水槽

четка

刷子

гъба

海綿

миксер

攪拌機

фризер

冷藏箱

бебешко шише

奶瓶

воден кран

水龍頭

баня

浴室

отопление
供暖裝置
хавлиена кърпа
毛巾
душ
淋浴
завеса за баня
浴簾
шампоан за вана
泡沫浴
вана
浴缸
стъклена чаша
玻璃杯
перална машина
洗衣機
воден кран
水龍頭
плочки
瓷磚
гърне
便壺
мивка
水槽

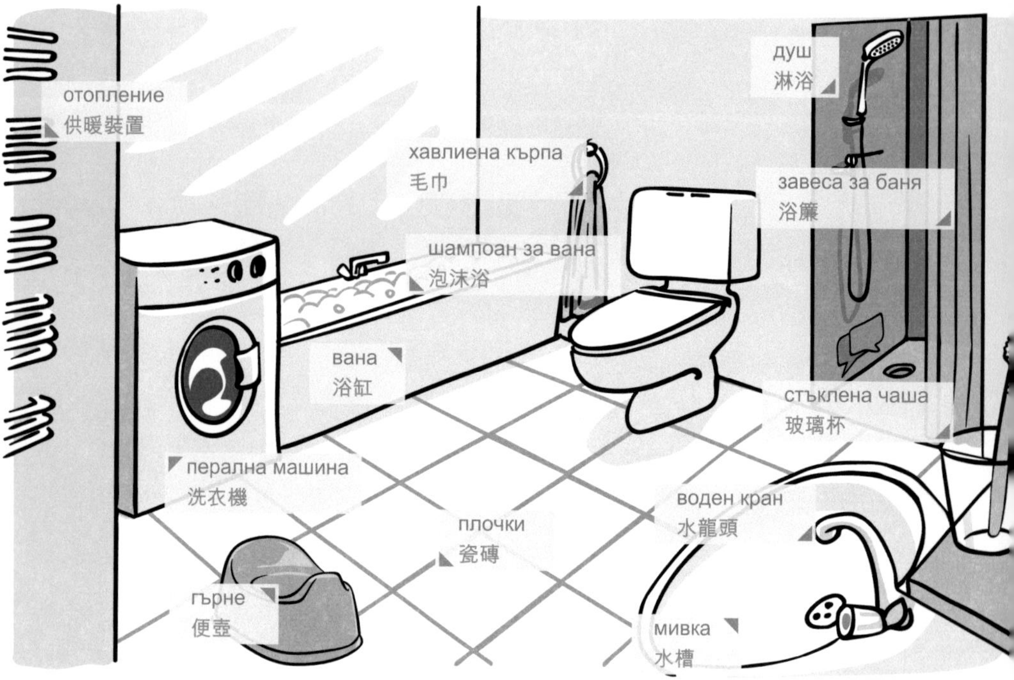

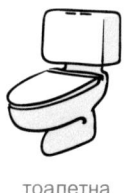

тоалетна

廁所

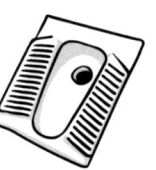

клекало

蹲便器

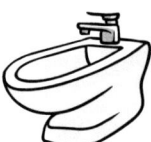

биде

坐浴器

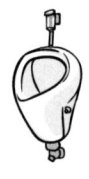

писоар

小便斗

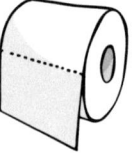

тоалетна хартия

廁紙

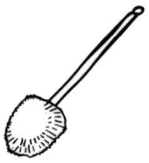

четка за тоалетна

馬桶刷

четка за зъби

牙刷

паста за зъби

牙膏

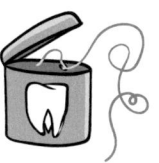

конец за зъби

牙線

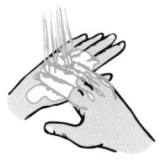

мия

洗

ръчен душ

手持式蓮蓬頭

интимен душ

沖洗器

леген

洗臉盆

четка за гръб

洗背刷

сапун

肥皂

душ гел

沐浴露

шампоан за вана

洗髮乳

гъба за баня

法蘭絨

сифон

排水

крем

乳霜

дезодорант

除臭劑

огледало

鏡子

козметично огледало

手鏡

ръчна самобръсначка

刮鬍刀

пяна за бръснене

刮鬍泡沫

одеколон за след бръснене

鬚後水

гребен

梳子

четка

刷子

сешоар

吹風機

спрей за коса

噴髮定型劑

грим

化妝品

червило

唇膏

лак за нокти

指甲油

памук

化妝棉

ножица за нокти

指甲剪

парфюм

香水

тоалетна чантичка

洗漱包

табуретка

凳子

везна

計重秤

хавлия

浴袍

домакински ръкавици

橡膠手套

тампон

衛生棉條

дамски превръзки

衛生棉

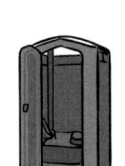

химическа тоалетна

化學廁所

детска стая

兒童房

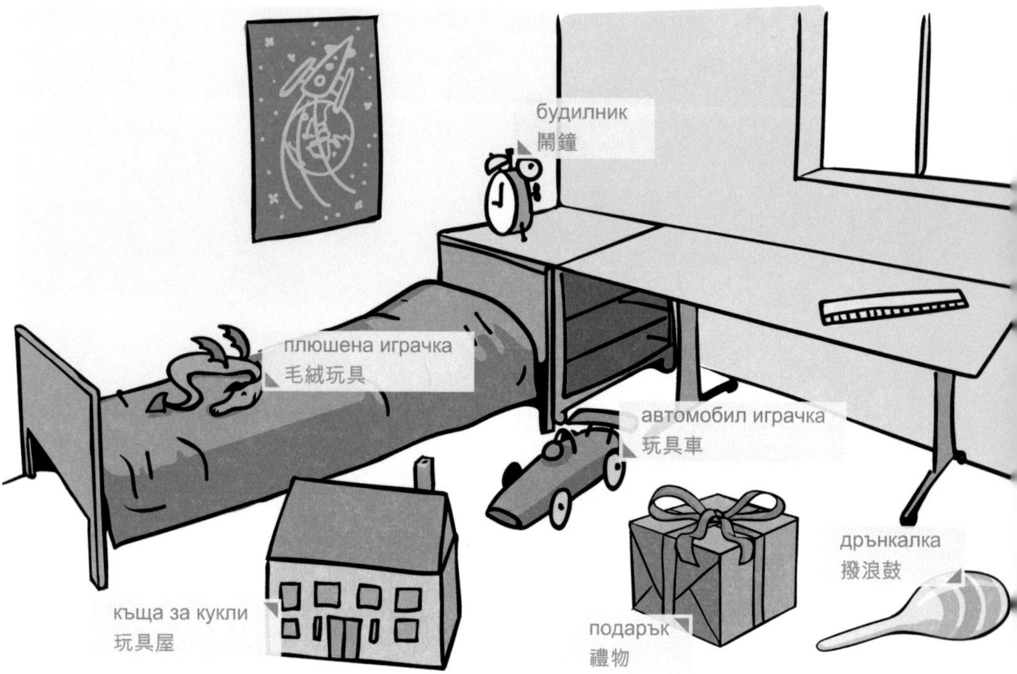
будилник
鬧鐘
плюшена играчка
毛絨玩具
автомобил играчка
玩具車
дрънкалка
撥浪鼓
къща за кукли
玩具屋
подарък
禮物

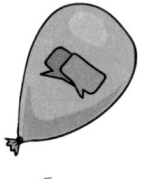

балон

氣球

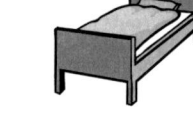

легло

床

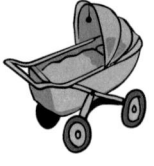

детска количка

嬰兒車

игра на карти

撲克牌

пъзел

拼圖

SUPER
MEGA

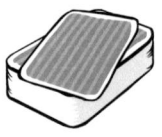

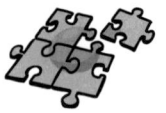

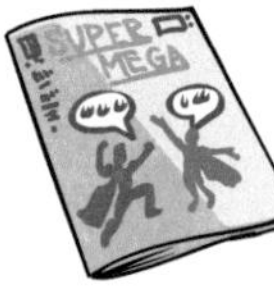

комикс

漫畫

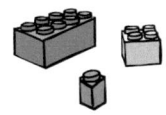

лего елементи

樂高積木

строителни елементи

積木玩具

екшън фигурка

公仔

бебешки гащеризон

嬰兒服

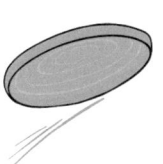

фрисби

飛盤

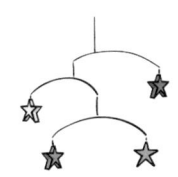

бебешки играчки за легло

床鈴玩具

настолна игра

棋盤遊戲

зарче

骰子

миниатюрно влакче

火車模型

биберон

安撫奶嘴

парти

派對

детска книга с илюстрации

繪本

топка

球

кукла

洋娃娃

играя

玩

пясъчник

沙坑

люлка

鞦韆

играчка

玩具

игрова конзола

電玩遊戲

велосипед с три колелета

三輪車

плюшено мече

泰迪熊

гардероб

衣櫃

облекло

衣服

къси чорапи

襪子

дълги чорапи

長襪

чорапогащник

緊身褲

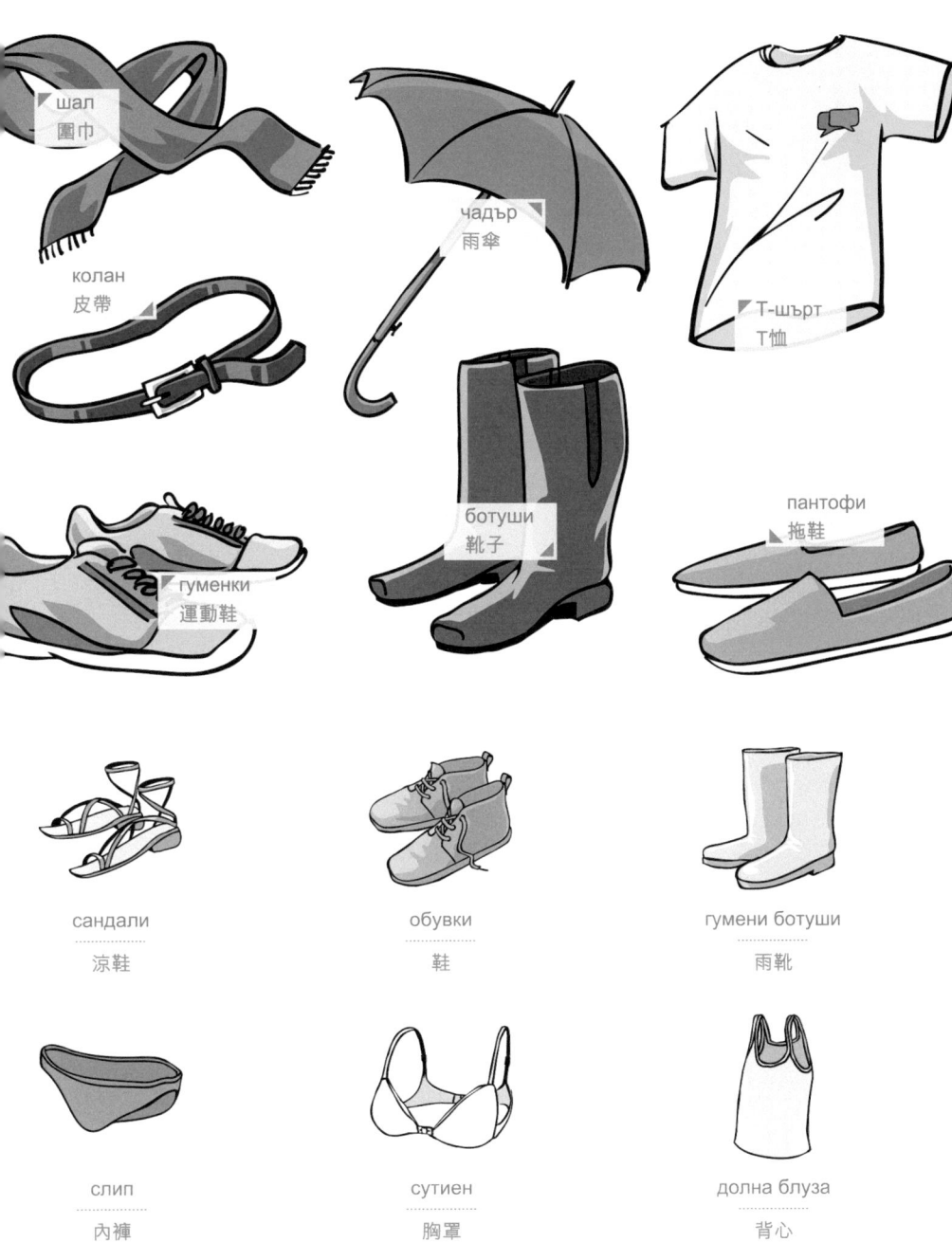

шал
圍巾

колан
皮帶

чадър
雨傘

Т-шърт
T恤

ботуши
靴子

пантофи
拖鞋

гуменки
運動鞋

сандали

涼鞋

обувки

鞋

гумени ботуши

雨靴

слип

內褲

сутиен

胸罩

долна блуза

背心

облекло - 衣服

боди

身體

панталон

褲子

дънки

牛仔褲

пола

短裙

блуза

女式襯衫

риза

襯衫

пуловер

套頭衫

суичър

連帽上衣

блейзър

西裝夾克

яке

夾克

палто

外套

дъждобран

雨衣

костюм

套裝

рокля

連衣裙

булчинска рокля

婚紗

костюм

西裝

нощница

睡袍

пижама

睡衣

сари

莎麗

кърпа за глава

頭巾

тюрбан

包頭巾

бурка

波卡

кафтан

卡夫坦

абая

(阿拉伯式)長袍

бански костюм

泳衣

плувни шорти

男式泳褲

къс панталон

短褲

анцуг

運動服

престилка

圍裙

ръкавици

手套

копче

鈕扣

очила

眼鏡

гривна

手鏈

верижка

項鍊

пръстен

戒指

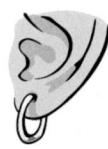

обеца

耳環

каскет

便帽

закачалка

衣架

шапка

帽子

вратовръзка

領帶

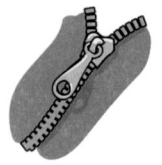

цип

拉鍊

каска

安全帽

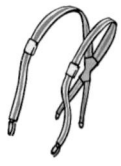

тиранти

背帶

ученическа униформа

校服

униформа

制服

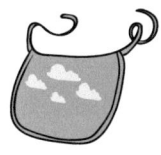

лигавник

圍兜

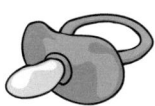

биберон

安撫奶嘴

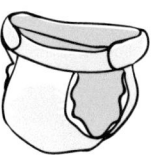

пелена

尿布

офис

辦公室

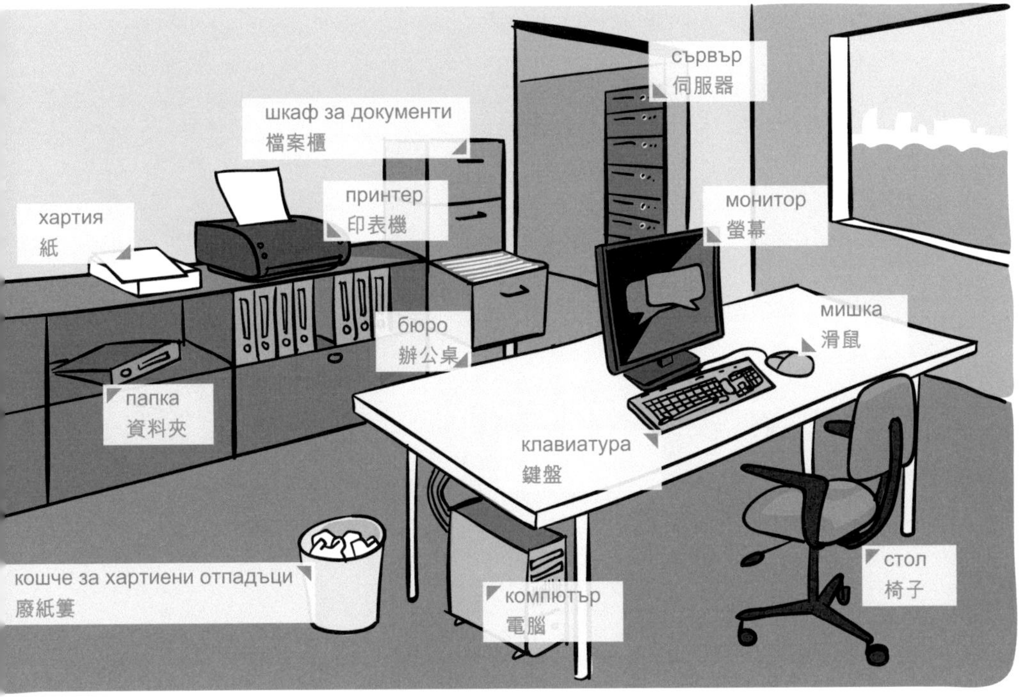

сървър
伺服器
шкаф за документи
檔案櫃
хартия
紙
принтер
印表機
монитор
螢幕
мишка
滑鼠
бюро
辦公桌
папка
資料夾
клавиатура
鍵盤
кошче за хартиени отпадъци
廢紙簍
компютър
電腦
стол
椅子

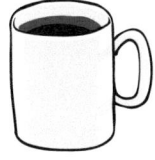

чаша за кафе

咖啡杯

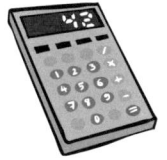

джобен калкулатор

計算機

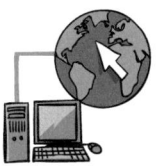

интернет

網際網路

лаптоп

筆記型電腦

писмо

信件

съобщение

簡訊

мобилен телефон

行動電話

мрежа

網路

ксерокс

影印機

софтуер

軟體

телефон

電話

контакт

插座

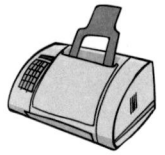

факс

傳真機

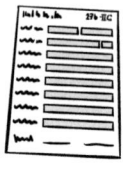

формуляр

表格

документ

檔案

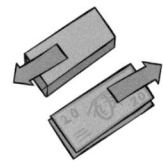

купувам

買

плащам

付錢

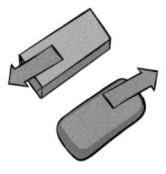

търгувам

交易

пари

現金

долар

美元

евро

歐元

 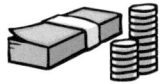

йена

日元

рубла

盧布

швейцарски франк

瑞士法郎

ренминби юан

人民幣

рупия

盧比

банкомат

提款處

обменно бюро

外幣兌換處

злато

金

сребро

銀

нефт

石油

енергия

能源

цена

價格

договор

合約

данък

稅金

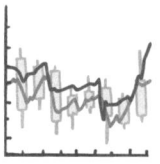

акция

股票

работя

工作

служител

職員

работодател

老闆

фабрика

工廠

магазин за цветя

商店

професии
職業

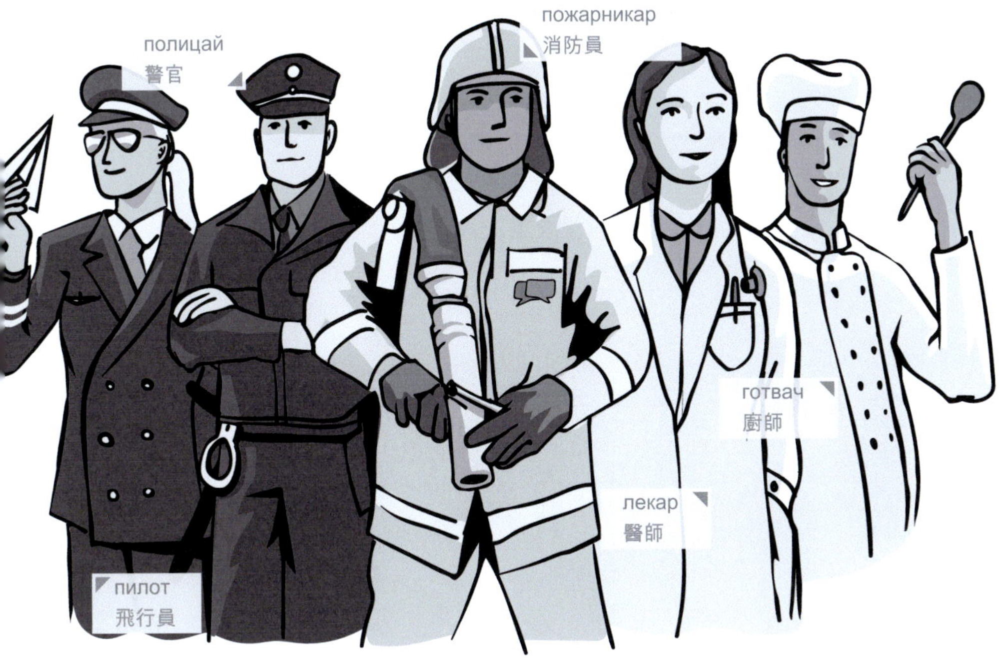
полицай
警官
пожарникар
消防員
готвач
廚師
лекар
醫師
пилот
飛行員

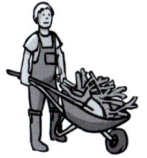

градинар

園丁

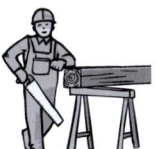

мебелист

木匠

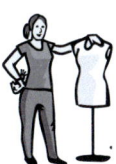

шивачка

裁縫

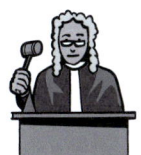

съдия

法官

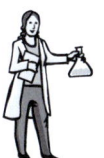

химик

化學家

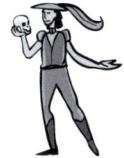

артист

演員

шофьор на автобус

公車司機

шофьор на такси

計程車司機

рибар

漁夫

чистачка

清洗女工

майстор на покриви

屋頂工

келнер

服務生

ловец

獵人

художник

畫家

хлебар

麵包師

електротехник

電工

строителен работник

建築工人

инженер

工程師

касапин

屠夫

тенекеджия

水管工

пощальон

郵差

войник

士兵

архитект

建築師

касиер

收銀員

цветар

花農

фризьор

理髮師

кондуктор

售票員

механик

機械技師

капитан

船長

зъболекар

牙醫

научен работник

科學家

равин

拉比

имàм

伊瑪目

монах

和尚

свещеник

牧師

инструменти

工具

чук
鐵錘
клещи
鉗子
отвертка
螺絲起子
гаечен ключ
扳手
джобна лампа
手電筒

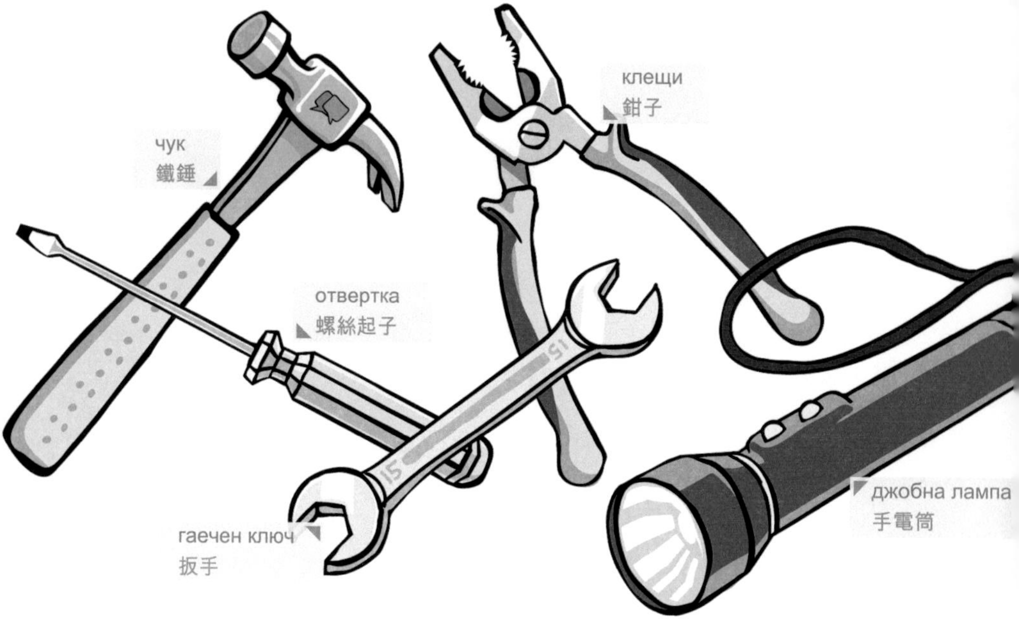

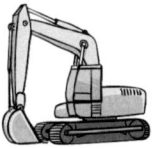

багер

挖掘機

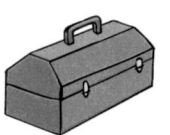

кутия за инструменти

工具箱

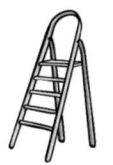

стълба

梯子

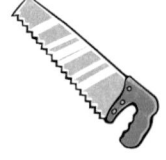

трион

鋸子

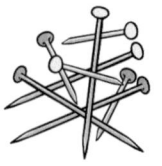

пирони

釘子

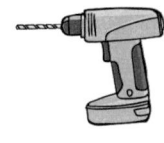

бормашина

鑽機

ремонтирам

修

лопата

鏟子

По дяволите!

糟糕！

лопатка за смет

畚箕

кутия за боя

油漆桶

болтове

螺絲

музикални инструменти
樂器

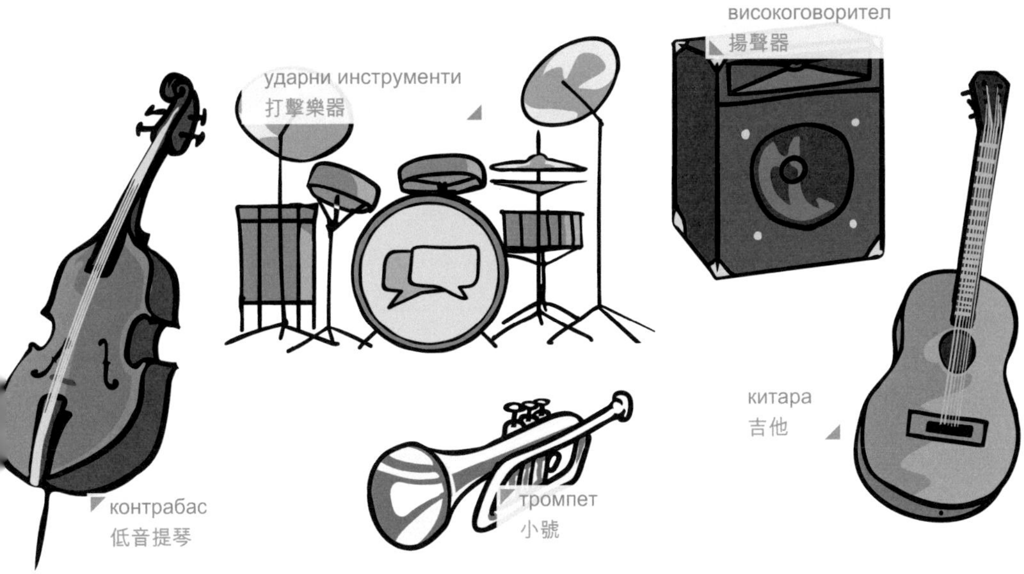

високоговорител

揚聲器

ударни инструменти

打擊樂器

китара

吉他

контрабас

低音提琴

тромпет

小號

пиано

鋼琴

виолина

小提琴

контрабас

貝斯

тимпан

定音鼓

барабан

鼓

електрическо пиано

電子琴

саксофон

薩克斯風

флейта

長笛

микрофон

麥克風

зоологическа градина

動物園

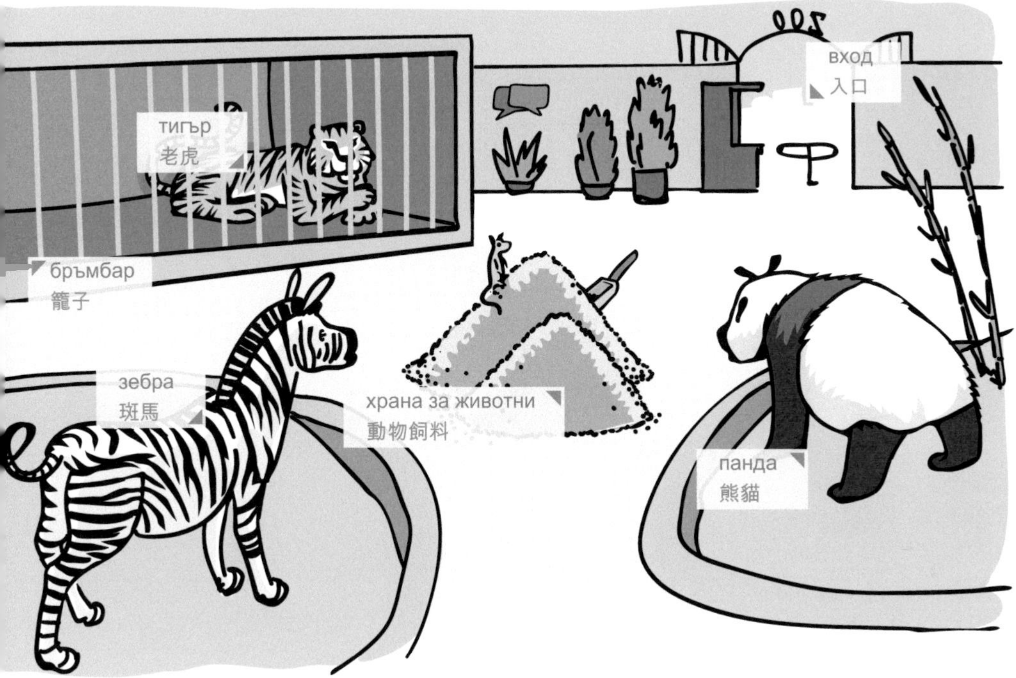

вход
入口
тигър
老虎
бръмбар
籠子
зебра
斑馬
храна за животни
動物飼料
панда
熊貓

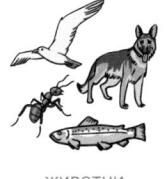

животни

動物

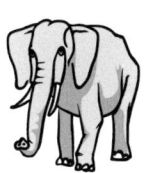

слон

大象

кенгуру

袋鼠

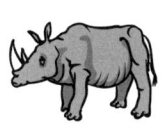

носорог

犀牛

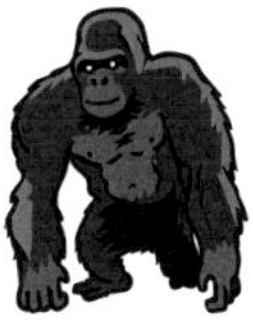

горила

大猩猩

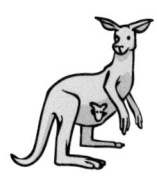

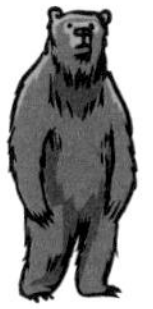

мечка

熊

камила

駱駝

щраус

鴕鳥

лъв

獅子

маймуна

猴子

фламинго

紅鶴

папагал

鸚鵡

бяла мечка

北極熊

пингвин

企鵝

акула

鯊魚

паун

孔雀

змия

蛇

крокодил

鱷魚

пазач в зоологическа
градина

動物園管理員

тюлен

海豹

ягуар

美洲豹

пони

矮種馬

леопард

豹

хипопотам

河馬

жираф

長頸鹿

орел

老鷹

диво прасе

野豬

риба

魚

костенурка

龜

морж

海象

лисица

狐狸

газела

羚羊

американски футбол
橄欖球

колоездене
騎腳踏車

тенис
網球

баскетбол
籃球

плуване
游泳

бокс
拳擊

хокей на лед
冰球

футбол
美式足球

бадминтон
羽毛球

лека атлетика
田徑

хандбал
手球

ски бягане
滑雪

поло
馬球

скачам
跳

прегръщам
擁抱

смея се
笑

вървя
走路

пея
唱

съзнувам
做夢

моля се
祈禱

целувам
親吻

пиша

書寫

рисувам

畫

показвам

展示

бутам

推

давам

給

взимам

拿

имам

有

правя

做

съм

當

стоя

站

тичам

跑

дърпам

拉

хвърлям

丟

падам

摔倒

лежа

躺

чакам

等待

нося

攜帶

седя

坐

обличам

穿衣

спя

睡覺

събуждам се

醒來

разглеждам

看

плача

哭

милвам

撃

реша се

梳頭

говоря

交談

разбирам

明白

питам

問

слушам

聽

пия

喝

ям

吃

разтребвам

清理

обичам

愛

готвя

做飯

карам автомобил

開車

летя

飛

плавам (с платна)

航行

смятане

計算

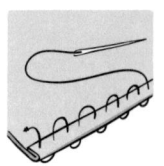

чета

讀

уча

學習

работя

工作

женя се

結婚

шия

縫

измивам си зъбите

刷牙

убивам

殺

пуша

抽菸

изпращам

寄

баба
祖母

дядо
祖父

баща
父親

майка
母親

бебе
嬰兒

дъщеря
女兒

син
兒子

посетител

客人

леля

阿姨

чичо

叔叔

брат

兄弟

сестра

姐妹

тяло

身體

чело
前額
око
眼睛
рамо
肩膀
пръст
手指
лице
臉
брадичка
下巴
ръка
手
крак
腿
гърди
乳房
ръка
手臂

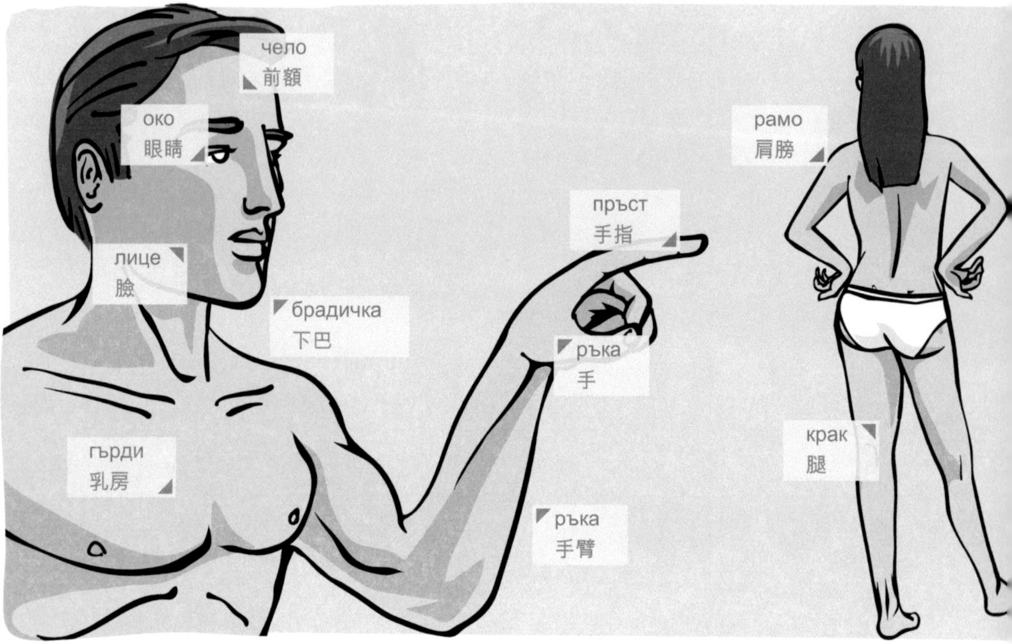

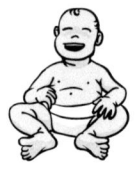

бебе

嬰兒

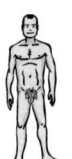

мъж

男人

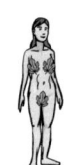

жена

女人

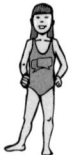

момиче

女孩

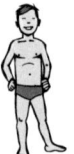

момче

男孩

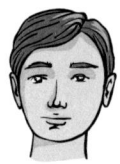

глава

頭

гръб

背部

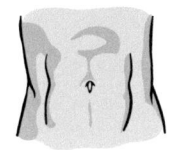

корем

肚子

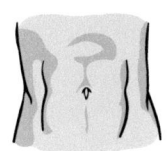

пъп

肚臍

пръст на крака

腳趾

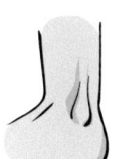

пета

腳後跟

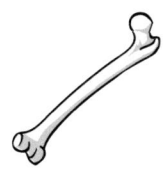

кост

骨頭

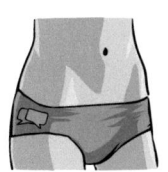

хълбок

臀部

коляно

膝蓋

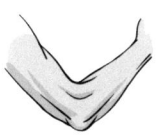

лакът

手肘

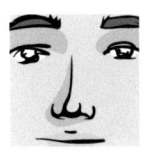

нос

鼻子

седалище

屁股

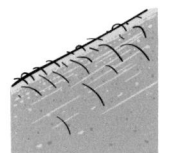

кожа

皮膚

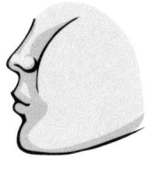

буза

臉頰

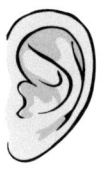

ухо

耳朵

устна

嘴唇

уста

嘴

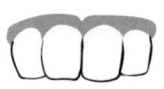

зъб

牙齒

език

舌頭

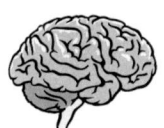

мозък

腦

сърце

心臟

мускул

肌肉

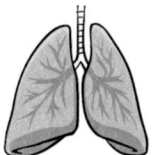

бял дроб

肺

черен дроб

肝臟

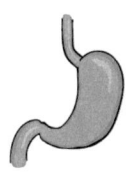

стомах

胃

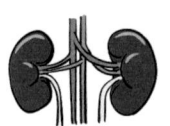

бъбреци

腎臟

полово сношение

性交

кондом

保險套

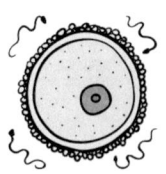

яйцеклетка

卵子

сперма

精子

бременност

懷孕

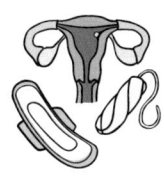

менструация

月事

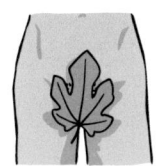

вагина

陰道

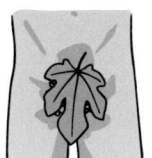

пенис

陰莖

вежда

眉毛

коса

頭髮

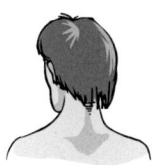

шия

脖子

болница
醫院

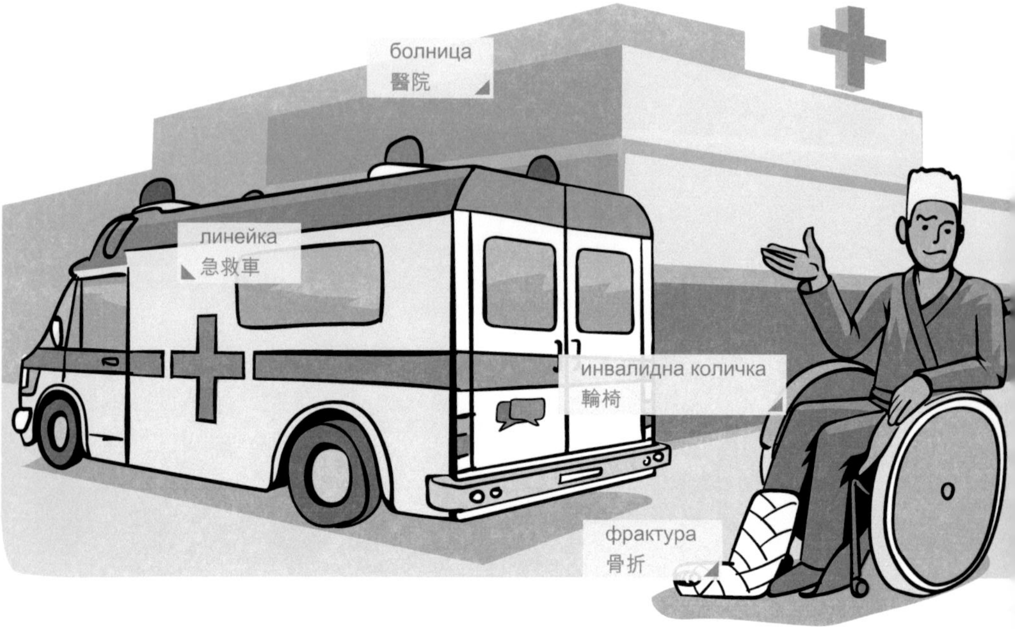

болница
醫院

линейка
急救車

инвалидна количка
輪椅

фрактура
骨折

лекар

醫師

спешна хоспитализация

急診室

медицинска сестра

護理師

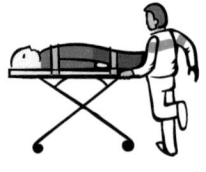

спешен случай

緊急情形

в безсъзнание

昏迷

болка

痛

нараняване

受傷

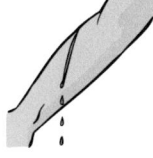

кървене

出血

инфаркт

心臟病發作

инсулт

中風

алергия

過敏

кашлица

咳嗽

температура

發燒

грип

流感

диария

腹瀉

главоболие

頭痛

рак

癌症

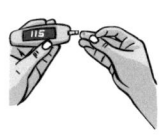

диабет

糖尿病

хирург

外科醫師

скалпел

手術刀

операция

手術

компютърна томография

電腦斷層掃描

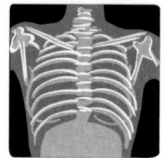

рентген

X光

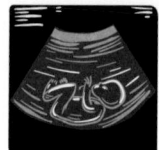

ултразвук

超音波

маска

口罩

болест

疾病

чакалня

候診室

патерица

拐杖

пластир

石膏

превръзка

繃帶

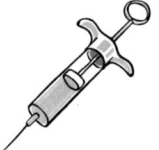

инжекция

注射

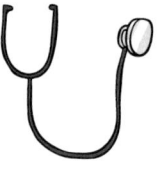

стетоскоп

聽診器

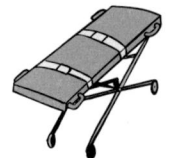

носилка

擔架

термометър

體溫計

раждане

出生

наднормено тегло

超重

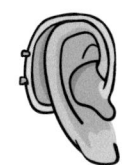

слухов апарат

助聽器

дезинфекционно средство

消毒液

инфекция

感染

вирус

病毒

HIV / AIDS

愛滋病

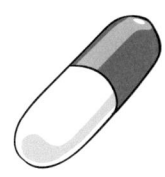

медицина

藥物

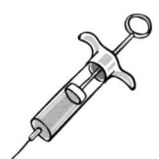

ваксинация

接種疫苗

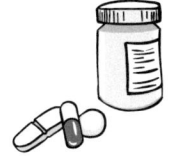

таблети

藥片

противозачатъчна таблетка

藥丸

спешно телефонно обаждане
急救電話

апарат за измерване на кръвното налягане

血壓計

болен / здрав

生病/健康

Помощ!

救命！

сигнал за тревога

警報

нападение

突擊

атака

攻擊

опасност

危險

авариен изход

緊急出口

Пожар!

失火了！

пожарогасител

滅火器

злополука

意外

комплект за оказване на
първа помощ

急救箱

SOS

呼救訊號

полиция

員警

Европа

歐洲

Северна Америка

北美洲

Южна Америка

南美洲

Африка

非洲

Азия

亞洲

Австралия

澳洲

Атлантически океан

大西洋

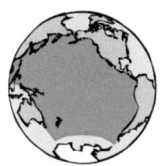

Тихи океан

太平洋

Индийски океан

印度洋

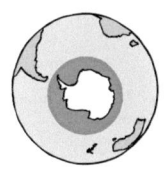

Южен ледовит океан

南冰洋

Северен ледовит океан

北冰洋

Северен полюс

北極

Южен полюс

南極

Антарктида

南極洲

Земя

地球

суша

陸地

море

海

остров

島

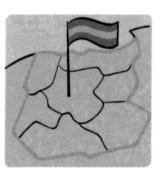

нация

國家

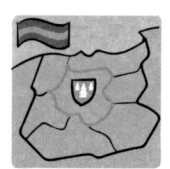

държава

州

циферблат

錶盤

стрелка на часовете

時針

стрелка на минутите

分針

стрелка на секундите

秒針

Колко е часът?

現在幾點？

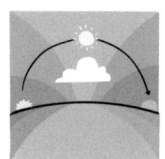

ден

天

време

時間

сега

現在

дигитален часовник

電子錶

минута

分

час

時

седмица
週

понеделник
週一

сряда
週三

петък
週五

вторник
週二

четвъртък
週四

събота
週六

неделя
週日

вчера
昨天

днес
今天

утре
明天

сутрин
早晨

обед
中午

вечер
晚上

работни дни
工作日

уикенд
週末

дъжд
雨

дъга
彩虹

сняг
雪

вятър
風

пролет
春

есен
秋

лято
夏

зима
冬

прогноза за времето

天氣預告

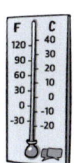

термометър

溫度計

слънчева светлина

陽光

облак

雲

мъгла

霧

влажност на въздуха

潮濕

светкавица

閃電

гръмотевица

打雷

буря

風暴

градушка

冰雹

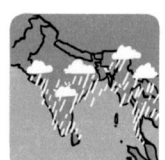

мусон

季風

наводнение

洪水

лед

冰

януари

一月

февруари

二月

март

三月

април

四月

май

五月

юни

六月

юли

七月

август

八月

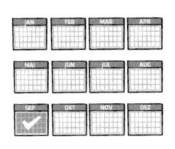

септември

九月

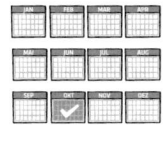

октомври

十月

ноември

十一月

декември

十二月

форми

形狀

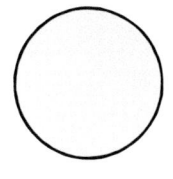

кръг

圓形

квадрат

正方形

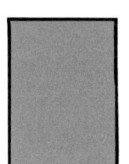

четириъгълник

長方形

триъгълник

三角形

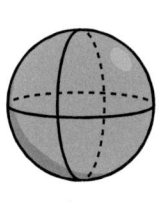

сфера

球體

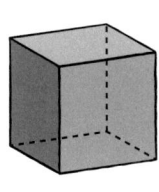

куб

立方體

бял

白

жълт

黃

оранжев

橙

розов

粉

червен

紅

лилав

紫

син

藍

зелен

綠

кафяв

棕

сив

灰

черен

黑

много / малко

很多/少許

ядосан / спокоен

生氣/平靜

красив / грозен

美/醜

начало / край

首/尾

голям / малък

大/小

светъл / тъмен

明/暗

брат / сестра

兄弟/姐妹

чист / мръсен

乾淨/骯髒

пълен / непълен

完整/缺失

ден / нощ

白天/晚上

мъртъв / жив

死/生

широк / тесен

寬/窄

ядлив / неядлив

可食用/非食用

сърдит / любезен

邪惡/善良

развълнуван / скучаещ

興奮/無聊

дебел / тънък

胖/瘦

най-напред / най-накрая

第一/最後

приятел / враг

朋友/敵人

пълен / празен

滿/空

твърд / мек

硬/軟

тежък / лек

重/輕

глад / жажда

餓/渴

болен / здрав

生病/健康

нелегален / легален

非法/合法

интелигентен / глупав

聰明/愚笨

ляво / дясно

左/右

близо / далече

近/遠

нов / употребяван

新/舊

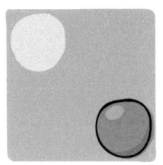

нищо / нещо

沒有/有些

стар / млад

老/幼

вкл. / изкл.

開/關

отворен / затворен

打開/闔上

тих / силен (звук)

安靜/吵鬧

богат / беден

富/窮

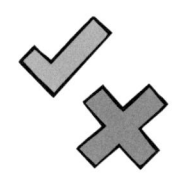

правилен / погрешен

對/錯

грапав / гладък

粗糙/光滑

тъжен / щастлив

傷心/高興

дълъг / къс

短/長

бавен / бърз

慢/快

мокър / сух

濕/乾

топъл / студен

溫暖/涼爽

война / мир

戰爭/和平

числа
數字

0

нула

零

1

едно

一

2

две

二

3

три

三

4

четири

四

5

пет

五

6

шест

六

7

седем

七

8

осем

八

9

девет

九

10

десет

十

11

единадесет

十一

12

дванадесет

十二

13

тринадесет

十三

14

четиринадесет

十四

15

петнадесет

十五

16

шестнадесет

十六

17

седемнадесет

十七

18

осемнадесет

十八

19

деветнадесет

十九

20

двадесет

二十

100

сто

百

1.000

хиляда

千

1.000.000

милион

百萬

английски

英語

американски английски

美式英語

китайски мандарин

普通話

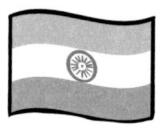

хинди

印地語

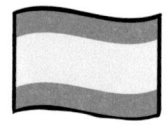

испански

西班牙語

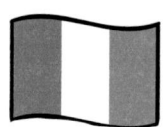

френски

法語

арабски

阿拉伯語

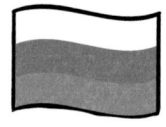

руски

俄語

португалски

葡萄牙語

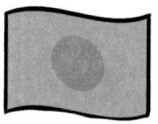

бенгалски

孟加拉語

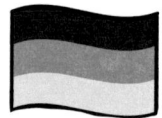

немски

德語

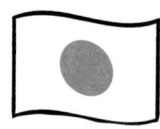

японски

日語

аз

我

ти

你

той / тя / то

他/她/它

ние

我們

вие

你們

те

他們

кой?

誰？

какво?

什麼？

как?

如何？

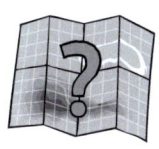

къде?

何處？

кога?

何時？

име

名字

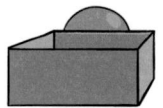

зад

後面

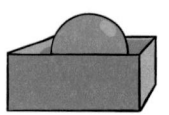

в

裡面

пред

前面

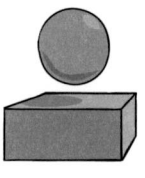

над

上方

върху

上面

под

下麵

до

旁邊

между

中間

място

地點